LOBOS

Escrito por Mari Schuh

PEBBLE
a capstone imprint

Pebble Explore, publicada por Pebble, una marca de Capstone,
1710 Roe Crest Drive
North Mankato, Minnesota 56003
www.capstonepub.com

**Los datos de CIP (Catalogación previa a la publicación, CIP) de la
Biblioteca del Congreso se encuentran disponibles en el sitio web
de la Biblioteca.**
ISBN: 978-1-9771-2554-5 (library binding)
ISBN: 978-1-9771-2562-0 (eBook PDF)

Resumen: Ofrece datos básicos y detalles sobre los lobos, como el lugar
donde viven, su cuerpo, lo que hacen y los peligros a los que se enfrentan.

Créditos de las fotografías
Newscom: TOM & THERISA STACK/NHPA/Photoshot, 24; Shutterstock:
Allison Coffin, 5, Benjamin B, 18, Bildagentur Zoonar GmbH, 6, 13,
critterbiz, 25, David Dirga, 1, Dennis W Donohue, 20, Holly Kuchera, 11,
Jearu, 17, Jim Cumming, 10, 14, Josef Pittner, 15, kochanowski, 12, Lillian
Tveit, 7, Martin Mecnarowski, 23, Michael Roeder, 21, mjurik, 19, bottom
26-27, Red Squirrel, 9, Vlada Cech, Cover

Créditos editoriales
Mandy Robbins, editora; Dina Her, diseñadora; Morgan Walters,
investigadora en medios; Tori Abraham, especialista en producción

Dedicatoria
A Hudson—MS

Printed in the United States of America.
003342

Tabla de contenidos

Las palabras en **negrita** están en el glosario.

Lobos asombrosos

Un lobo perdido aúlla en la noche. Está buscando a su **manada**. El sonido atraviesa el bosque. Llega a más de 5 millas (8 kilómetros) de distancia.

La manada oye la llamada. Aúllan para responder. Ahora el lobo sabe adónde tiene que ir. Vuelve a aullar.

Los lobos aúllan por muchas razones. Lo hacen para cazar. Lo hacen para **aparearse**. Y para advertir a otros lobos de algún peligro.

Los lobos son animales salvajes.
Son parientes de los perros.
Los lobos son **mamíferos**.
Tienen pelaje. Las hembras alimentan
a sus cachorros con leche. Y son
de sangre caliente. La temperatura
de su cuerpo siempre es igual.

La gente no logra ponerse de acuerdo sobre cuántos tipos de lobos hay. Algunos animales se parecen mucho a los lobos.

El lobo común es el lobo gris. El pelaje de casi todos los lobos es grueso y gris. También puede ser marrón, rojo, negro o blanco.

Dónde viven los lobos

Los lobos grises viven en América del Norte, Europa y Asia. Habitan en zonas silvestres.

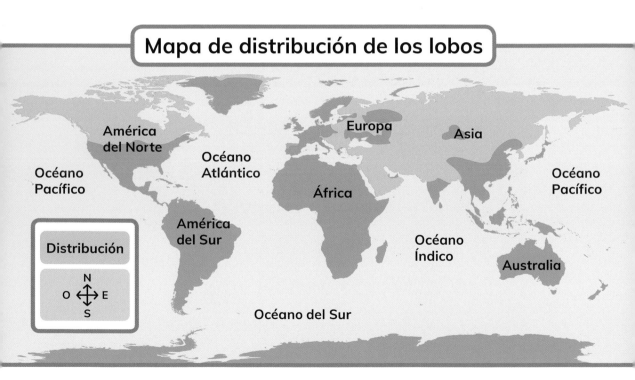

Mapa de distribución de los lobos

Los lobos pueden vivir en casi
todos los **hábitats**. Pueden vivir
en pastizales. También viven
en la **tundra**. Viven en montañas
y bosques. Pero no viven en bosques
tropicales húmedos y calurosos.
Tampoco viven en desiertos
muy secos.

Los lobos viven en grupos llamados manadas. Las manadas suelen tener entre seis y siete lobos. Viven al aire libre casi todo el tiempo.

Los lobas paren a sus cachorros
en las **guaridas**. Las guaridas
protegen a las hembras y sus cachorros.
Las guaridas suelen ser **madrigueras**
en el suelo. Los troncos huecos también
sirven de guaridas. Los tocones
de los árboles y las grietas grandes
en las rocas también pueden ser guaridas.
Las guaridas protegen a los lobos jóvenes.

El cuerpo de los lobos

Los lobos tienen un cuerpo fuerte.
Pueden ser de distintos tamaños.
Algunos pesan hasta 100 libras
(45 kilógramos). Otros son más pequeños.
Solo pesan unas 35 libras (16 kg).

Los lobos son cazadores naturales. Persiguen a su **presa**. Agarran a la presa con sus dientes afilados. Desgarran la carne. Los lobos tienen dientes grandes y mandíbulas fuertes para comer.

¡Los lobos corren muy rápido! Sus patas largas los ayudan a recorrer largas distancias. Sus grandes garras les permiten correr durante horas.

El pelaje grueso mantiene a los lobos
abrigados y secos. Los lobos árticos
viven en lugares fríos. Tienen una capa
extra de pelaje en las garras.
Se envuelven el cuerpo con su tupida
cola. El lobo se tapa el hocico
con la cola para mantenerse caliente.

El pelaje protege a los lobos. El color del pelaje los ayuda a camuflarse. Los lobos son difíciles de ver. Los lobos grises se confunden con la tierra y los árboles. Los lobos árticos son blancos. Se confunden con la nieve.

Comer

Los lobos comen sobre todo carne.
Pueden recorrer largas distancias
para buscar animales y comerlos.
Buscan ciervos y alces. También comen
animales pequeños, como conejos.
¡A veces los lobos atrapan peces!

Los lobos cazan sobre todo
de noche. La manada de lobos busca
un animal grande para comer. A veces
buscan animales viejos o enfermos.
Esos animales son más fáciles
de atrapar. Los lobos los persiguen
y los atacan.

Los lobos comen mucho. Casi todos los días comen entre 2 y 4 libras (1 a 2 kg) de alimento. ¡Los lobos grandes pueden comer 20 libras (9 kg) de una vez! En verano, las manadas se separan. Entonces los lobos cazan solos.

Los lobos pueden pasar días
sin comer. A veces esconden
la comida y la guardan para más
adelante. Los lobos la desentierran
cuando la necesitan.

Qué hacen los lobos

Los lobos viven en manadas.
Los líderes de la manada son
un macho adulto y una hembra
adulta. Son la pareja **reproductora**.
Están al mando.

Cada manada tiene su propio
territorio. La manada deambula
por la zona. Vigila su terreno.
Protege el grupo.

Los lobos tienen muchas maneras de enviarse mensajes. Aúllan y gruñen. Ladran y gimen. La madre loba gime cuando está lista para dar de comer a sus cachorros. Los lobos miran fijamente a otros lobos para indicarles que deben apartarse. Un lobo levanta la cola. Eso indica que es el líder.

Los lobos tienen muy buen sentido del olfato. Marcan su territorio con sus heces y su orina. Así los otros lobos se mantienen alejados.

El lobo empieza su vida como cachorro.
La hembra pare una **camada** todas
las primaveras. Las camadas suelen
tener entre cuatro y seis cachorros.

Los cachorros beben la leche
de la madre durante muchas semanas.
Después, los lobos alimentan a las crías
con carne masticada.

La manada cuida a los cachorros.
Los cachorros viven con la manada
unos dos años. Después se van.
Buscan pareja. Algunos forman
su propia familia.

Peligros de los lobos

Durante años, los lobos estuvieron en peligro. Podrían haber desaparecido. La gente les tenía miedo. Los granjeros no querían que los lobos cazaran a sus animales. Se mataron muchos lobos.

Hoy los lobos tienen otros peligros. La gente construye carreteras donde viven los lobos. Esto asusta a algunos animales y se van. Los lobos que se quedan mueren de hambre porque no tienen suficiente comida.

Muchas personas trabajan en colaboración para que los lobos no desaparezcan. Están aprendiendo más sobre los lobos. Están aprendiendo cómo viven y cómo ayudarlos. Hay programas que protegen a los lobos y sus hogares. Hay grupos que trabajan con los granjeros para proteger a los lobos y los animales de granja.

Hoy los lobos viven en muchos lugares. El número de lobos está aumentando en muchos sitios.

Datos rápidos

Nombre: lobo

Hábitat: praderas, bosques, tundras, montañas

En qué lugar del mundo (distribución): América del Norte, Europa, Asia

Alimentos: alces, ciervos, bisontes, borregos cimarrones, caribúes, bueyes almizcleros, castores, ardillas, ratones, pájaros, peces, lagartos, serpientes, frutas y verduras

Depredadores: humanos

Expectativa de vida: entre cuatro y ocho años en estado salvaje

Glosario

aparearse—juntarse con otro para producir crías

camada—grupo de animales que nace a la vez de la misma madre

de sangre caliente—criaturas que mantienen la misma temperatura corporal casi todo el tiempo

guarida—lugar donde un animal salvaje puede vivir

hábitat—donde vive una planta o un animal

madriguera—agujero en la tierra que hace o usa un animal

mamífero—animal de sangre caliente que respira aire, tiene pelo o pelaje y alimenta a sus crías con leche

manada—grupo de animales que cazan juntos

presa—animal que cazan y se comen otros animales

reproductora—pareja que se aparea para tener crías

territorio—lugar donde pasta un animal o donde caza y cuida a sus crías

tundra—área fría donde no crecen árboles; la tierra por debajo de la superficie siempre está congelada

Índice